Leserabe

1. Lesestufe



Annette Neubauer • Cee Neudert

# Die besten Leselern-Geschichten von Einhörnern, Pferden und Prinzessinnen

Mit Bildern von Màriam Ben-Arab, Isabelle Göntgen und Catharina Westphal

Ravensburger

Bibliografische Information der Deutschen Nationalbibliothek:

Die Deutsche Nationalbibliothek verzeichnet diese Publikation
in der Deutschen Nationalbibliografie.
Detaillierte bibliografische Daten sind im Internet
über http://dnb.d-nb.de abrufbar.

MIX
Papier aus verantwortungsvollen Quellen
FSC® C111262

1 3 5 4 2

Ravensburger Leserabe
Diese Ausgabe enthält die Bände „Emma und das Einhorn“ von Annette Neubauer
mit Illustrationen von Màriam Ben-Arab, „Mias Pferde-Abenteuer“ von Cee Neudert
mit Illustrationen von Isabelle Göntgen und „Prinzessin Lilly und die Räubertochter“
von Cee Neudert mit Illustrationen von Catharina Westphal

Postfach 24 60, 88194 Ravensburg
für die vorliegende Ausgabe
Umschlagbild: Màriam Ben-Arab
Printed in Germany
ISBN 978-3-473-46105-9

www.ravensburger.de
www.leserabe.de

# Inhalt

Annette Neubauer

# Emma und das Einhorn

Mit Bildern von Màriam Ben-Arab

## Inhalt

# Ein Einhorn im Garten

Ich liege im Garten und lese.
Plötzlich höre ich ein Rascheln
neben mir. Was ist das?
Da steckt ein Einhorn
seinen Kopf aus dem Gebüsch.

Ich reibe meine Augen.
Träume ich?
Doch das Einhorn ist noch da.
„Komm mit mir“, sagt das Einhorn.
„Wohin?“, frage ich verwundert.
„Zum Zaubersee“,
antwortet das Einhorn.

Bevor ich noch etwas sagen kann,
schnaubt das Einhorn und
eine bunte Wolke hüllt mich ein.
Benommen klettere ich
auf seinen Rücken.

Wir reiten über Wiesen und Wälder.
Als wir einen See erreichen,
bleibt das Einhorn stehen
und sagt: „Wir sind da!“
Dann knickt es seine Vorderbeine ein
und ich steige ab.

## Wie heißt es richtig?

- Da steckt ein **HORN-EIN** seinen Kopf aus dem **BE-GÜSCH**.
- „Zum **BAU-SER-ZEE**“, antwortet das Einhorn.
- Wir reiten über **WÄL-SEN** und **WIE-DER**.

## Welches Wort fehlt?

- Ich liege im ..............

**Haus** ☐ **Meer** ☐ **Garten** ☐

- Das Einhorn ..............

**schnaubt** ☐ **muht** ☐ **meckert** ☐

**Lösungen**
**S. 14:** Einhorn, Gebüsch, Zaubersee, Wälder, Wiesen
**S. 15:** Garten, schnaubt

# Am Zaubersee

„Willkommen, kleine Emma“,
begrüßt mich ein Schwan vom See aus.
Ein Eichhörnchen hüpft zu mir
und streift um meine Beine.
Auf einem Ast ruft eine Eule:
„Schuhu!“

„Das sind meine Freunde.
Wir üben zusammen zaubern“,
erklärt das Einhorn.
„Wie in einer Schule?“,
frage ich erstaunt.
„So ist es“, antwortet das Einhorn.
„Und was zaubert ihr?“, frage ich.

Das Einhorn nickt dem Eichhörnchen zu.
Sofort beginnt es wild
mit den Zähnen zu klappern.
Plötzlich fallen Nüsse vom Himmel.
„Autsch“, rufe ich und bedecke
meinen Kopf mit den Händen.
Der Schwan taucht schnell unter Wasser
und das Einhorn steckt seinen Kopf
in einen Busch.

Dann klatscht das Eichhörnchen
in die Pfoten
und der Zauber ist vorbei.
Die Tiere kommen aus ihren Verstecken
und jubeln.
Das Eichhörnchen verbeugt sich stolz.

„Jetzt zeige ich dir den Verwandlungszauber“,
sagt der Schwan
und watschelt aus dem Wasser.
Er reckt seinen Kopf
und zischt drei Mal.

Das Eichhörnchen bekommt Zebrastreifen,
die Eule einen Papageienschnabel,
das Einhorn ein Geweih
und mir wachsen Hasenohren.
Die Tiere staunen und rufen: „Oh!“

Der Schwan spuckt drei Mal
auf den Boden
und wir sehen aus wie vorher.
„Ich bin dran. Aufgepasst!“,
sagt das Einhorn und stampft
mit dem Huf auf.
Am Himmel erscheint
ein großer Regenbogen.
Er ist wunderschön!
Wir klatschen begeistert.

Leserabe

## Leserätsel

**Findest du das passende Wort?**

- Der Schwan taucht schnell mit dem Kopf in den See. Er taucht mit dem Kopf unter

  ………………………………………… .

- Die Tiere kommen aus ihren Verstecken und freuen sich laut. Sie ……………………………… .

## Was passt nicht?

- Am Zaubersee trifft Emma auf verschiedene Tiere:

| | |
|---|---|
| **Schwan** | **Eichhörnchen** |
| **Eule** | **Katze** |

- Der Schwan zaubert lustige Dinge:

| | |
|---|---|
| **Hasenohren** | **Löwenmähne** |
| **Geweih** | **Zebrastreifen** |

**Lösungen**
**S. 24:** Wasser, jubeln **S. 25:** Katze, Löwenmähne

## Der Verschwindefix-Zauber

„Ich beherrsche
den Verschwindefix-Zauber, Schuhu“,
verkündet nun die Eule.
„Leider ist nach
deiner letzten Zauberei
der Fuchs verschwunden,
und zwar für immer“, sagt das Einhorn.

„Als du versucht hast,
ihn zurückzuzaubern,
ist ein Uhu aufgetaucht“,
piepst das Eichhörnchen traurig.
„Der Uhu hatte Heimweh und ist
bald wieder nach Hause geflogen“,
erklärt mir der Schwan.

„Wir vermissen unseren Fuchs.
Hilfst du uns,
ihn wieder herzuzaubern?“,
fragt das Einhorn.
„Wie denn?“, frage ich zurück.
„Wenn die Eule zaubert,
liest sie einen Spruch
aus ihrem Zauberbuch vor.

Dabei muss sie
etwas falsch machen“,
erklärt das Einhorn.
Die Eule steckt beleidigt
den Kopf unter ihren Flügel.

„Wir können nicht lesen.
Deswegen wissen wir nicht,
was sie falsch macht“,
fügt der Schwan hinzu.

„Zeig Emma dein Zauberbuch“,
sagt das Einhorn zur Eule.
„Schuhu!“, antwortet die Eule trotzig.
„Bitte!“, piepst das Eichhörnchen.
Da zerrt die Eule ein kleines Buch
aus einer Baumhöhle
und fliegt damit zu mir.

Ich setze mich auf einen Stein
und schlage es auf:
„Wie jemand verschwindet
und wieder zurückkommt“, lese ich.
Die Eule, die jetzt neben mir hockt,
fängt sofort an zu lesen:
„Fuhuchs, komm zuhurück im Nuhuhu,
Schuhu…“

Die anderen Tiere
sehen sich ängstlich an.
„Emma, lies du!
Sonst kommt der Fuchs
nie mehr zurück“,
piepst das Eichhörnchen erschrocken.

Hier ist immer ein Wort zu viel.
Welches?

„Als du versucht hast, ihn zurückzuzaubern, ist ein Uhu aufgetaucht“, piepst das Eichhörnchen traurigfröhlich.

„Wenn die Eule zaubert, liest sie einen Spruch aus ihrem Zauberbuch vor. Dabei muss sie etwas falschrichtig machen“, erklärt das Einhorn.

Die Eule stecktlegt beleidigt den Kopf unter ihren Flügel.

## Findest du die richtigen Reimwörter?

- Hasenohren, Schwanenfeder,
  zaubern kann hier scheinbar ...................... .

- Doch leider zaubert die Eule im Nu,
  immer und immer mit zu viel ...................... .

- Der Fuchs, der Arme,
  ist deshalb verschwunden,
  das haben die Tiere
  traurig ...................... .

**Lösungen**
**S. 34:** fröhlich, richtig, legt **S. 35:** jeder, Schuhu, gefunden

## Leuchtende Beeren

Ich atme tief durch.
Schließlich hab ich noch nie gezaubert.
Dann fange ich an zu lesen:
„Fuchs, komm zurück im Nu,
wir schauen dabei zu,
wie du, schwuppdiwu,
aus dem Nichts
wieder bei uns bist.“

Es wird dunkel.
Kein Vogel singt mehr.
Plötzlich sprühen helle Funken
aus dem Boden.
Dann kracht es
und der Fuchs steht vor uns.

„Juhu! Du bist wieder da!“,
jubeln die Tiere
und umarmen ihren Freund.

Nur die Eule bleibt neben mir sitzen
und schuhut traurig vor sich hin.
„Warum kann ich nicht zaubern?“,
fragt sie. „Immer läuft etwas schief!“

„Du musst genau lesen,
was im Buch steht“, erkläre ich.
„Das mache ich doch“,
antwortet die Eule empört.
„Naja, nicht ganz“, sage ich.

Aber wie soll ich der Eule beibringen,
ohne „Uhus“ und „Schuhus“ zu lesen?
Da fällt mir ein:
Ich habe doch ein Zauberbuch.

Ich blättere es durch und
finde die richtige Stelle.
„Der Übertragungszauber“,
lese ich laut.
„Eule, Buch und Seitenstich,
du kannst lesen, so wie ich.“

Der Eule fallen die Augen zu,
als ob sie schlafen würde.
Nach einer Weile
zuckt sie mit den Lidern.
Ob der Zauber wirkt?

Ich halte der Eule das Buch hin.
„Der kunterbunte Farbenzauber“,
liest sie,
ohne ein einziges „Uhu“
oder „Schuhu“.
Die anderen Tiere
kommen gespannt näher.

„Große Beeren, kleine Beeren,
lasst uns nicht lange fragen,
zeigt schnell eure Farben“,
liest die Eule fehlerfrei weiter.

Plötzlich leuchten die Beeren
wie gelbe, rote und blaue Lampions auf.
Die Tiere klatschen und jubeln.
„Es hat geklappt. Schuhu!
Ich kann zaubern!“,
ruft die Eule glücklich.

„Dann kann ich wieder
nach Hause zurück.
Meine Eltern warten
bestimmt schon auf mich“,
sage ich
und klettere auf das Einhorn.
Die Tiere winken mir zum Abschied zu.
„Bis bald!“, rufe ich
und freue mich
auf die nächsten Zaubereien.

## Wahr oder falsch?

**Kreuze an!**

| | **wahr** | **falsch** |
|---|---|---|
| Emma hat schon oft gezaubert. | ○ | ○ |
| Die Tiere freuen sich nicht, den Fuchs wiederzusehen. | ○ | ○ |
| Die Eule zaubert die Beeren bunt. | ○ | ○ |

## Welches Wort passt in die Lücke?

- Es wird dunkel.
  Kein Vogel ............ mehr.

**singt** **springt** **winkt**

- Der Eule fallen die ............ zu, als ob
  sie schlafen würde.

**Tauben** **Augen** **Schrauben**

- „Es hat geklappt. Schuhu!
  Ich kann ............!“, ruft die Eule glücklich.

**plaudern** **zaudern** **zaubern**

**Lösungen**
**S. 46:** falsch, falsch, wahr **S. 47:** singt, Augen, zaubern

Cee Neudert

# Mias Pferde-Abenteuer

Mit Bildern von Isabelle Göntgen

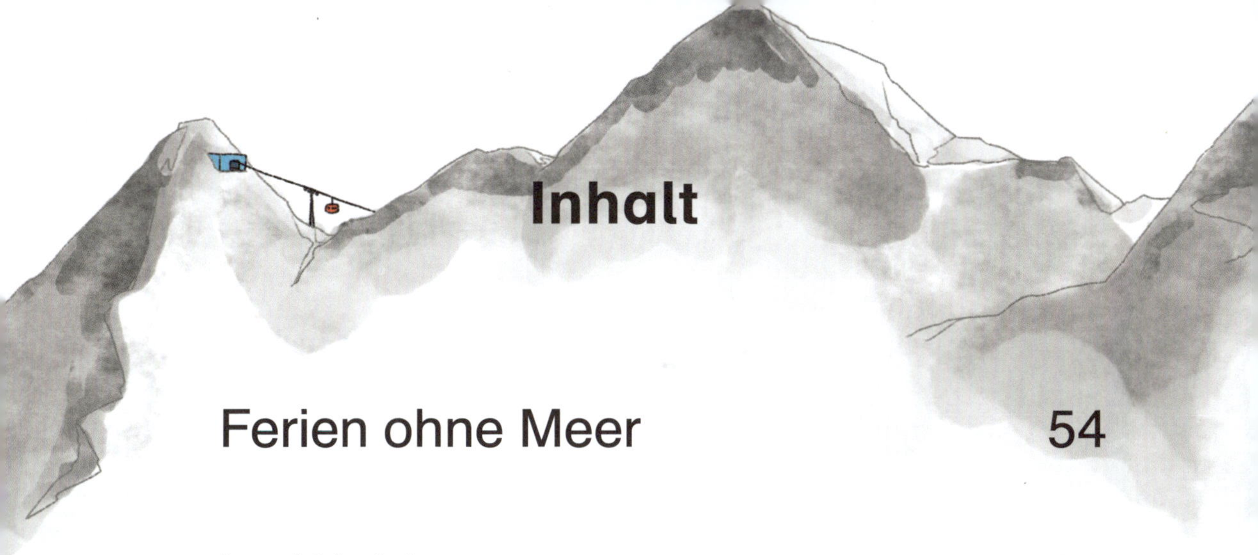

# Inhalt

# Ferien ohne Meer

Eine Fliege summt vorbei.
Papa schnarcht.
„Mir ist langweilig!“,
sage ich zu meinen Eltern.
Sie liegen auf der Terrasse
vor dem Hotel und ruhen sich aus.
Sie sind müde vom vielen Wandern.

„Mir ist langweilig!!!“, rufe ich lauter.
„Schau dich doch ein bisschen um“,
sagt Mama schläfrig.
Papa schnarcht lauter.

Also schaue ich mich ein bisschen um.
Das Hotel ist in einem Dorf.
Ringsum ist Wald. Kein Meer. Langweilig!
Aber da hinten ist eine Weide
mit einem Pferd.
Ich gehe hin.

Das Pferd kommt zum Zaun
und schaut mich an.
„Krümel“ steht auf seinem Halfter.
Aha, das ist sicher sein Name.
Vorsichtig strecke ich die Hand aus
und streichle Krümels Nase.
Sie ist ganz weich!

„Ist dir auch so langweilig?“,
frage ich.
Krümel wiehert und nickt mit dem Kopf.
Ich seufze.
„Eigentlich wollte ich ans Meer“,
erkläre ich ihm.
„Aber meine Eltern wollten wandern.“
Krümel wiehert wieder.

Plötzlich nimmt er Anlauf
und springt mit einem Riesensatz
über den Zaun.
Er kommt zu mir und stupst mich an.
„Oh ja!“, rufe ich.
„Machen wir was zusammen!“
Ich lege Krümel eine Hand
auf die Mähne
und los geht’s!

## Leserätsel

### Hast du ein gutes Gedächtnis?

**Kreuze an!**

| | wahr | falsch |
|---|---|---|
| Mia ist langweilig. | X | ○ |
| Das Hotel steht am Meer. | ○ | X |
| Mia geht ein bisschen schwimmen. | ○ | X |
| Am Strand trifft Mia Krümel. | ○ | X |

Krümel ____ , als ich mit ihm spreche.

- wiehert ☒
- poltert ☐
- kichert ☐

Meine Eltern ____ sich aus.

- ziehen ☐
- ruhen ☒
- kennen ☐

Eigentlich wollte ich ans ____ .

- Steuer ☐
- Meer ☒
- Licht ☐

**Lösungen**
**S. 60:** wahr, falsch, falsch, falsch **S. 61:** wiehert, ruhen, Meer

# Im Wald

Im Wald riecht es nach Tannennadeln.
Unter unseren Füßen ist Moos.
Krümels Hufe machen kaum ein Geräusch
auf dem weichen Boden.
Es ist schön, mit einem Pferd
durch den Wald zu gehen.

„Aber vielleicht wäre es noch schöner, zu reiten?“, frage ich.
Krümel schnaubt. Er ist einverstanden.
Also klettere ich auf seinen Rücken und er geht vorsichtig los.

Ich schaukle hin und her.
Wie wunderbar das ist!
Manchmal muss ich mich ducken
wegen der Äste,
aber ich kann gut
das Gleichgewicht halten.

Ob Krümel auch mal traben will?
Ich schnalze mit der Zunge.
Er versteht mich sofort
und läuft schneller.
„Trip-di-trab, Trip-di-trab!“,
machen seine Hufe.
„Zok-di-wok, Zok-di-wok“,
hopple ich auf seinem Rücken auf und ab.

Krümel trabt durch einen Bach.

Das Wasser spritzt.

Ich muss lachen:

„Ah! Das ist nass!“

Krümel bleibt stehen.

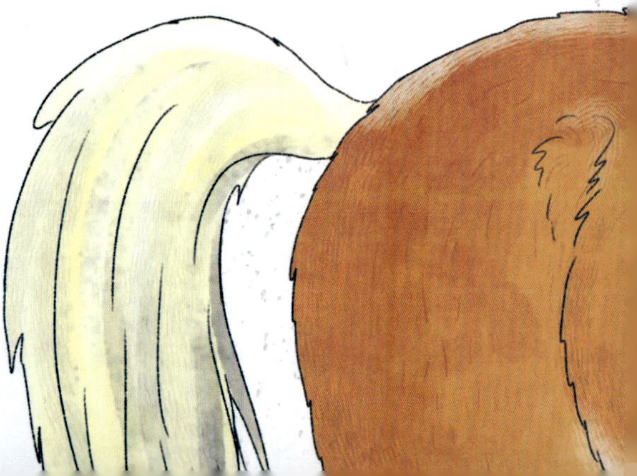

Mir fällt auf, dass wir schon
ziemlich weit vom Dorf weg sind.
„Wir sollten umkehren“,
sage ich zu Krümel.
Doch er hört mir nicht zu.
Er dreht die Ohren nach vorne
und lauscht.

## Welcher Satz stimmt?

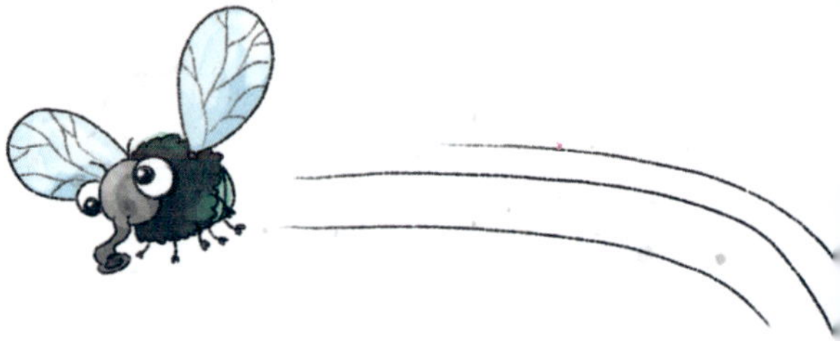

**Kreuze an!**

- Die Fliege schnarcht. ○
- Die Fliege wiehert. ○
- Die Fliege summt. ☒

## Was passt nicht?

- In unserem Urlaub gibt es:

**Wald** ☒ **Berge** ☒ **Meer** ☐ **Pferdeweide** ☒

- Pferde machen Geräusche:

**Hufgeklapper** ☒ **läuten** ☐

**wiehern** ☒ **schnauben** ☒

**Lösungen**
**S. 68:** Der dritte Satz stimmt. **S. 69:** Meer, läuten

## Über Stock und Stein

Im Gebüsch vor uns ist etwas.
Es ist braun und zottig
und macht komische Geräusche.
Uh! Das wird doch kein Bär sein??
Stocksteif sitze ich auf Krümels Rücken.

Plötzlich springt das Ding heraus.
Es ist – ein kleines Wildschwein.
Es beachtet uns nicht
und trottet davon.
Ich atme auf.

Doch Krümel hat Angst vor dem Schwein.
Er tänzelt zur Seite und galoppiert los!
„Halt!! Langsam!!“, brülle ich
und klammere mich
an Krümels Mähne fest.
Mein Gebrüll macht ihm
nur noch mehr Angst.

Mit weit offenen Nüstern
stürmt er voran.
Ein Baumstamm liegt im Weg.
Oh – – –
Sprung!!!
Geschafft.

„Bitte halt an, Krümel! Alles ist gut“,
sage ich mit möglichst ruhiger Stimme.
Da wird Krümel tatsächlich langsamer
und bleibt schließlich stehen.
Ich rutsche von seinem Rücken.
Mir ist ganz schwindelig
von dem wilden Ritt.

Als ich mich umsehe, sind ringsum
Bäume, Büsche und noch mehr Bäume.
„Krümel?“, frage ich.
„Kennst du den Weg zurück?“

Er schnaubt und reibt seine Nase
an meinem Bauch.
Ich streichle ihm über das warme Fell.

Dann klettere ich wieder
auf seinen Rücken.
Ein bisschen Angst habe ich schon,
dass er noch einmal losrennen könnte.

Aber er geht langsam durch den Wald.
Und nach einer Weile kommt mir alles
wieder bekannter vor.
Zwischen den Bäumen sehe ich das Dorf.

Leserabe

## Leserätsel

**Hier ist immer ein Wort zu viel. Welches?**

Stocksteif liegesitze ich auf Krümels Rücken.

Krümel ist ängstlichmutig, als das Wildschwein auftaucht.

Ich streichle ihm über das kaltewarme Fell.

## Welche Stimmung passt?
## Verbinde die Sätze mit den Bildern!

1. Als Krümel voller Angst voranstürmt, klammere ich mich an seiner Mähne fest!

**erleichtert**

2. Ich atme auf.

**fröhlich**

3. Krümel reibt seine Nase an meinem Bauch.

**ängstlich**

**Lösungen**
**S. 78:** liege, mutig, kalte **S. 79:** 1c, 2a, 3b

## Morgen und jeden Tag

Auf der Weide sind jetzt
noch viele andere Pferde.
Eine Menge Leute sind auch da,
Kinder und Erwachsene.
Sie rufen: „Krümel! Wo bist du?“

Meinen eigenen Namen höre ich auch:

„Mia! Mia!“

Das sind meine Eltern.

Krümel und ich werden gesucht!

Als wir aus dem Wald kommen,
laufen alle auf uns zu.
„Da bist du ja, Mia!“, rufen meine Eltern.

„Da bist du ja, Krümel!“,
ruft eine junge Frau mit Reitstiefeln.
Sie fasst Krümel am Halfter.
„Wie bist du denn bloß
aus dem Gatter gekommen?“

„Krümel ist über den Zaun gesprungen“,
sage ich.
Die Frau macht große Augen.
„Über den Zaun? Na so was!“

Die junge Frau
mit den Reitstiefeln erzählt:
„Krümel ist neu bei uns.
Deshalb habe ich ihn heute beim Ausritt
noch nicht mitgenommen.
Ich wusste gar nicht,
dass er so gut springen kann.“

„Ihm war langweilig“, sage ich.
„Da sind wir zusammen
spazieren gegangen.“

Die Frau lacht.
„Langeweile soll nicht sein!
Morgen kommt Krümel beim Ausritt mit!
Und du auch, wenn du willst.“

Ein Ausritt? Mit Krümel? Morgen?
„Ja! Ja! Ja!“, rufe ich.

Und ab da werden die Ferien
plötzlich wunderschön.
Wandern müssen meine Eltern
jetzt ohne mich.

Ich bin den ganzen Tag bei Krümel.
Ich striegle ihn und flechte seine Mähne,
ich gebe ihm Äpfel und Möhren
und jeden Tag machen wir lange Ausritte.

Wir treffen Ziegen und Kühe
und einmal sogar ein Reh.
Nur einem Wildschwein
begegnen wir nicht mehr.

## Kennst du dich mit Pferden aus?

## Kannst du die passenden Reimwörter finden?

- Auf der Weide, da sind Pferde,
  es ist eine ganze ................................................ .

- Wir reiten gemütlich
  über Stock und Stein, doch plötzlich:
  Da ist ein wildes ................................................ .

**Lösungen**
**S. 90:** striegeln, Nüstern, Ausritt, Mähne **S. 91:** Herde, Schwein

KRUMEL

Annette Neubauer

# Prinzessin Lilly und die Räubertochter

Mit Bildern von Catharina Westphal

# Inhalt

# Der Zauberbrunnen

Ich stürme hinaus
in den Garten.
„Wie wird das Wetter?“,
frage ich die Sonnenblumen.
„Ein bisschen zu kalt“,
antworten sie.

„Es wird warm“, meinen die Rosen.

„Mittags wird es heiß“, stöhnen die Primeln.

„Nicht heiß genug“, mault der Kaktus.

Ich gehe zum Kastanienbaum
und lehne mich an seinen Stamm.
„Es wird Zeit für ein bisschen Regen“,
knarrt mir der alte Karl zu.
„Mein Holz ist schon ganz trocken.“

Karl ist wirklich schon sehr alt.
Noch viel älter als Papa
und Mama zusammen.

Dann schlendere ich zum Brunnen.
Die Seerosen zwinkern mir verschlafen zu.

Ich schaue ins Wasser und flüstere:
„Alge, Schilf und Buche,
zeigt mir, was ich suche.“

Das Wasser kräuselt sich
und vor mir erscheint der Park:
Die Lilien blühen,
die Weiden wiegen sich im Wind
und das Unkraut wächst viel schneller,
als es den Gärtnern lieb ist.

Nanu! Was ist denn das?
In den Haselnusssträuchern
bewegt sich etwas.
Eine Feder schaut
zwischen den Blättern hervor.

Aber es ist kein Vogel!
Jetzt erkenne ich einen Hut,
schwarze Haare und braune Augen.
Wer ist da in unserem Garten?
Ich raffe mein Kleid und laufe los.

Leserabe

## Leserätsel

### Welches Wort passt in die Lücke?

- Die Sonnenblumen antworten:
„Es wird ein bi- bi- bisschen zu ......... ."

**knallt** ☐ **schallt** ☐ **kalt** ☐

- Die Primeln schwitzen und meinen:
„Puh, es wird ............ ."

**weiß** ☐ **Schweiß** ☐ **heiß** ☐

- Karl würde sich über ein bisschen
............ freuen.

**fegen** ☐ **sägen** ☐ **Regen** ☐

## Hier ist immer ein Wort zu viel. Welches?

- „Es wird warmkalt“, sagen die Rosen.

   ..............................

- Karl ist wirklich schon sehr altjung.

   ..............................

- Die Seerosen zwinkern mir wachverschlafen zu.

   ..............................

**Lösungen**
**S. 106:** kalt, heiß, Regen **S. 107:** kalt, jung, wach

# Die Räubertochter

Kurz vor den Haselnusssträuchern
verstecke ich mich hinter einem Baum.
Dann schleiche ich mich
von Stamm zu Stamm
näher heran.

Plötzlich knackt es unter mir.
Mist! Ich bin auf einen Ast getreten.
Die Feder samt Hut verschwindet
– schwups! –
wieder in den Sträuchern.

„Wer ist da?“, rufe ich jetzt laut und
komme aus meinem Versteck heraus.
Die Feder und der Hut tauchen wieder auf.

Plötzlich steht ein Mädchen vor mir und ruft:
„Ich bin es!
Die Räubertochter Selma Säckchen!“

„Was machst du hier?“,
frage ich verblüfft.

„Ich suche mein Pferd.
Ein Wildschwein hat es aufgescheucht.
Vor Schreck ist es in den Park gelaufen“,
erklärt mir die Räubertochter.

„In unseren Park dürfen keine Fremden,
schon gar keine Räuber“, sage ich.

„Wenn du mich nicht verrätst,
verrate ich dir mein Geheimnis“,
sagt Selma ernst.

Ich bin neugierig.
Außerdem gefällt mir Selma.
Es ist nämlich ziemlich mutig,
unerlaubt in einem königlichen Park
nach einem Pferd zu suchen.

„Abgemacht!“, sage ich und
halte Selma die Hand hin.
Selma schlägt ein.
„Jetzt dein Geheimnis!“, fordere ich.

„Ich kann mit Tieren sprechen“,
behauptet Selma.

Auf einem Ast sitzt eine Taube und gurrt.
„Was sagt denn die Taube?“,
frage ich.
Selma pfeift zärtlich und
die Taube antwortet: „Ruh! Guru!“

„Die Arme vermisst ihren Täuberich“,
sagt Selma mitleidig.

Ich zeige auf eine Maus,
die am Boden sitzt und fiept.

„Die Maus warnt die anderen Mäuse.
Euer Kater ist hungrig und auf der Jagd“,
erklärt mir Selma und zeigt zum Rasen.
Zwischen den Gräsern sehe ich
die Schwanzspitze von Felix.

„Ich glaube dir“, sage ich.
„Und ich helfe dir,
dein Pferd zu finden.“

„Rapunzel mag Wasser.
Gibt es hier einen Bach?“,
fragt die Räubertochter
und schaut sich um.

„Bei den Weiden gibt es einen Teich“, antworte ich.
„Aber um dahin zu kommen, müssen wir an den Rosen vorbei. Und die Rosen werden bewacht. Sie sind nämlich sehr wertvoll.“

Leserabe

Leserätsel

## Wie heißt es richtig?

- Ich verstecke mich bei den **HA-NUSS-SEL-STRÄUCH-ERN**.

- Plötzlich taucht eine **TER-RÄU-TOCH-BER** auf.

- Ein **SCHWEIN-WILD** hat mein Pferd **GE-SCHEUCHT-AUF**.

## Hast du ein gutes Gedächtnis?

**Kreuze an!**

| | wahr | falsch |
|---|---|---|
| Selma Säckchen ist eine Piratentochter. | ○ | ○ |
| Die Rosen im Schlosspark werden bewacht. | ○ | ○ |
| Selma sucht ihre Katze. | ○ | ○ |

**Lösungen**
**S. 118:** Haselnussssträuchern, Räubertochter, Wildschwein, aufgescheucht
**S. 119:** falsch, wahr, falsch

## Die verzauberten Wächter

Wir schleichen uns
durch die Büsche zu den Rosen.
Dann linsen wir
zwischen den Blättern hindurch.

„Und jetzt? An den Wachen
kommen wir nie vorbei“,
stellt Selma fest.
„Wir müssen die Wachen ablenken.
Deswegen verrate ich dir
mein Geheimnis“, sage ich.

„Kannst du Erbsen
unter deiner Matratze spüren?“,
fragt Selma und grinst.

„Quatsch! Glaubst du noch an Märchen?“,
frage ich beleidigt zurück.
Selma antwortet nicht.
Aber sie wird ein bisschen rot.

„Ich kann mit Pflanzen sprechen“, erkläre ich.

„Unsinn! Das kann nicht mal mein Papa. Und Papa ist der beste Räuber weit und breit“, antwortet Selma stolz.

„Dann pass gut auf“, sage ich.
„Rosen, duftet so süß wie Schokolade,
so weich wie Honig
und so frisch wie der Morgen.“

Langsam öffnen die Rosen ihre Knospen.
Plötzlich lächeln die Wächter verzückt
und stecken ihre Nasen in die Blüten.

Selma und ich kichern leise,
während wir die Männer beobachten.
Dann murmelt Selma etwas und
plötzlich singen die Vögel schöner
als die Hofsänger an meinem Geburtstag.

Die Wächter lauschen regungslos.
Leise huschen wir an ihnen vorbei.
Die Wächter bemerken uns nicht
und wir laufen weiter zum Teich.

Leserabe

# Leserätsel

## Findest du das passende Wort?

- Selma und ich lachen leise.
  Wir ................................ .

- Die Vögel stimmen eine Melodie an.
  Sie ................................ .

- Selma spricht leise zu den Vögeln.
  Sie ................................ ihnen etwas zu.

## Kannst du die passenden Reimwörter finden?

- In meinem Gartenreich gibt es auch einen .................... .

- Die Wächter stecken ihre Nasen in die Blüten und vergessen so, die Rosen zu .............................. .

**Lösungen**
**S. 128:** kichern, singen, flüstert **S. 129:** Teich, behüten

## Am Teich

Am Ufer steht ein schwarzes Pferd und trinkt.
„Rapunzel! Da bist du ja!“, ruft Selma.
Rapunzel wiehert freudig und trabt zu ihr.

Mit einem Satz springt Selma auf ihr Pferd.
Dann beugt sie sich nach vorne
und flüstert Rapunzel etwas ins Ohr.

Rapunzel macht einen Knicks
und Selma zieht ihren Hut.
„Prinzessin! Wir danken dir!“, sagt sie.
„Darf ich dich in unsere Räuberhöhle
einladen?“

„Ich nehme die Einladung an“,
antworte ich feierlich
und verbeuge mich vornehm.
Denn ich bin eine Prinzessin.

Auch wenn ich mich wie verrückt darauf freue,
mit Selma und ihrer Räuberfamilie
am Lagerfeuer zu sitzen,
zu grillen und wilde Lieder zu singen.

## Welcher Satz stimmt?

**Kreuze an!**

- ☐ Selma murmelt:
- ☐ Selma wimmert:
- ☐ Selma ruft:

**„Rapunzel! Da bist du ja!“**

## Was passt nicht?

Selmas Pferd Rapunzel:

**wiehert** **trabt** **knickst** **kichert**

Die Räuber:

**baden** **singen** **grillen** **gröhlen**

**Lösungen**
**S. 134:** Der dritte Satz stimmt. **S. 135:** kichert, baden

Leserabe

# Rabenpost

Umkreise die Buchstaben der richtigen Antworten und trage sie in die Kästchen ein. So findest du das Lösungswort für die Rabenpost heraus!

Das Einhorn bringt Emma …
- … zum Zaubersee. **E**
- … in den Zauberwald. **K**

Mia geht gern …
- … wandern. **L**
- … reiten. **U**

Selmas Pferd heißt …
- … Rapunzel. **E**
- … Aschenputtel. **M**

## Lösungswort

| 1 | 2 | L | 3 |
|---|---|---|---|
| | | | |

Hast du das Lösungswort herausgefunden?
Dann kannst du jetzt tolle Preise gewinnen.

Gib das Lösungswort auf der Leserabe-Website ein oder schick es mit der Post an folgende Adresse:

An den Leseraben
Rabenpost
Postfach 2007
88190 Ravensburg
Deutschland

* Wir verwenden die Daten der Einsender nur für das Gewinnspiel und nicht für weitere Zwecke. Alle weiteren Informationen zum Datenschutz und über unser Gewinnspiel findet ihr unter **www.leserabe.de**.

Leserabe

## Leichter lesen lernen mit der Silbenmethode

ISBN 978-3-473-**38573**-7*
ISBN 978-3-619-**14440**-2**

ISBN 978-3-473-**38563**-8*
ISBN 978-3-619-**14473**-0**

ISBN 978-3-473-**38566**-9*
ISBN 978-3-619-**14474**-7**

ISBN 978-3-473-**38576**-8*
ISBN 978-3-619-**14442**-6**

ISBN 978-3-473-**38552**-2*
ISBN 978-3-619-**14443**-3**

ISBN 978-3-473-**38095**-4*
ISBN 978-3-619-**14448**-8**

ISBN 978-3-473-**38553**-9*
ISBN 978-3-619-**14447**-1**

ISBN 978-3-473-**38572**-0*
ISBN 978-3-619-**14445**-7**

ISBN 978-3-473-**38570**-6*
ISBN 978-3-619-**14483**-9**

ISBN 978-3-473-**38565**-2*
ISBN 978-3-619-**14480**-8**

ERZ_20_001

** **Gebundene Ausgabe** bei Mildenberger * **Broschierte Ausgabe** bei Ravensburger

Durchstarten und leichter lesen!
Kurze Sätze
Einfache Sprache
Coole Themen
leichter lesen
Ein Fall für die Kichererbsen
ISBN 978-3-473-36141-0
Spirit Wild und frei Neue Freunde
ISBN 978-3-473-49170-4
Spirit Wild und frei Wo sind die Pferde?
ISBN 978-3-473-49199-5
Das verzauberte Amulett
ISBN 978-3-473-36139-7
Der Kampf um das Licht
ISBN 978-3-473-36140-3
Im Labyrinth der Finsternis
ISBN 978-3-473-36138-0
Die Girls vom Gruselinternat
ISBN 978-3-473-46004-5
Agent Andy Action
ISBN 978-3-473-46005-2
www.ravensburger.de
Ravensburger
DreamWorks Spirit Riding Free © 2021 DreamWorks Animation LLC. All Rights Reserved.


ERZ_15_052

# Leserabe

## Lesen lernen wie im Flug!

**In drei Stufen vom Lesestarter zum Leseprofi**

**Vor-Lesestufe**
**Ab Vorschule**

ISBN 978-3-473-46022-9

ISBN 978-3-473-46023-6

ISBN 978-3-473-46024-3

**1. Lesestufe**
**Ab 1. Klasse**

ISBN 978-3-473-46025-0

ISBN 978-3-473-46026-7

ISBN 978-3-473-46027-4

**2. Lesestufe**
**Ab 2. Klasse**

ISBN 978-3-473-46028-1

ISBN 978-3-473-46029-8

ISBN 978-3-473-46066-3

ERZ 21002